Es ist mit unseren Urteilen wie mit unseren Uhren. Keine geht mit der anderen vollkommen gleich, und jeder glaubt doch der seinigen.

Christian Fürchtegott Gellert

Gedanken an Freunde
ZUR BESINNUNG

ausgewählt von
Beate Reuther

Langsam Schritt für Schritt die Treppe weiter hinauf! Wahrlich, die Welt bietet nicht solch ein Übermaß von Genüssen, daß man sie in Sprüngen überfliegen dürfte. Und ist nicht jede Stufe, die man augenblicklich aufwärtssteigend betritt, ein Glück? Und ist nicht der Treppenabsatz, auf dem man einen Moment stillhält und sich nochmals faßt, eine Seligkeit?

Wilhelm Raabe

*Wohl dem Menschen, wenn er gelernt
hat, zu ertragen, was er nicht ändern kann,
und preiszugeben mit Würde, was er nicht
retten kann.*

Friedrich Schiller

*Ein großer Schmerz kann oft der innerste
Kern, der beste Gehalt und Wert unseres
Lebens werden.*

Theodor Fontane

*Halte das Glück wie den Vogel so
leise und lose wie möglich! Dünkt er sich selber
nur frei, bleibt er dir gern in der Hand.*

Friedrich Hebbel

*Wenn ich einen grünen Zweig im
Herzen trage, wird sich ein Singvogel darauf
niederlassen.*

China

*Es gibt kaum eine lohnendere Übung,
als eine Weile an einem offenen Fenster
zu stehen:
Irgendeinen Ausblick,
irgendeine Möglichkeit,
etwas zu betrachten, zu vergleichen,
zu bemerken, zu erkennen,
zu empfinden, zu erhoffen,
irgendeine Aussicht auf Zukunft
gibt es doch immer.*

Elli Michler

*Wenn es dir schwer zumute ist, dann
leidest du an Erinnerungen an Vergangenes
oder an Sorgen um deine Zukunft. Bedenke,
dein Leben spielt nur in der Gegenwart.
Auf sie richte alle deine Kräfte – und all dein
Leiden um Vergangenes und all dein Sorgen
um Kommendes, sie schwinden dahin,
und du fühlst nichts als Freiheit und Freude.*

Östliche Weisheit

*Wer heute einen Gedanken sät,
erntet morgen die Tat,
übermorgen die Gewohnheit,
danach den Charakter
und endlich sein Schicksal.*

Gottfried Keller

*𝒩enne dich nicht arm,
weil deine Träume nicht in Erfüllung gegangen sind,
wirklich arm ist nur, wer nie geträumt hat*

Marie von Ebner-Eschenbach

*Denn wir können die Kinder
nach unserem Sinne nicht formen:
So wie Gott sie uns gab,
so muß man sie haben und lieben,
sie erziehen aufs beste und jeglichen lassen
gewähren. Denn der eine hat die, die anderen
andere Gaben; jeder braucht sie, und jeder ist
doch nur auf eigene Weise gut und glücklich.*

Johann Wolfgang von Goethe

Die Dinge sind alle nicht so faßbar und sagbar, als man uns meistens glauben machen möchte; die meisten Ereignisse sind unsagbar, vollziehen sich in einem Raum, den nie ein Wort betreten hat …

Rainer Maria Rilke

Liebe ist eine Glocke, welche das Entlegenste und Gleichgültigste widertönen läßt und in eine besondere Musik verwandelt.

Gottfried Keller

Es mag trübe Zeiten geben, in denen die Hoffnung müde wird, weil der einstmals schäumende Brunnen des Lebens versiegt zu sein scheint.
Aber es lohnt sich, alle die leeren Gefäße geduldig aufzubewahren, um von neuem aus der Freude schöpfen zu können, sobald der Lebensquell wieder sprudelt.
Die Zeiten der Dürre dauern nicht ewig.

Elli Michler

Ein frohes, heiteres Gemüt ist die Quelle alles Edlen und Guten.
Kleine düstere Seelen, die nur die Vergangenheit betrauern und die Zukunft fürchten, sind nicht fähig, die heiligsten Momente des Lebens zu fassen und zu genießen, wie sie sollten.

Friedrich Schiller

Wir sind alle Blätter an einem Baum, keines dem andern ähnlich, das eine symmetrisch, das andere nicht, und doch gleich wichtig dem Ganzen.

Gotthold Ephraim Lessing

Wahrheit suchen wir beide, du außen im Leben, ich innen im Herzen, und so findet sie jeder gewiß. Ist das Auge gesund, so begegnet es außen dem Schöpfer, ist es das Herz, dann gewiß spiegelt es innen die Welt.

Friedrich von Schiller

Das schönste Glück des denkenden Menschen ist, das Erforschliche erforscht zu haben und das Unerforschliche ruhig zu verehren.

Johann Wolfgang von Goethe

Findet ihr den Trost nicht in der Nähe: so erhebet euch und sucht ihn immer höher; der Paradiesvogel flieht aus dem hohen Sturm, der sein Gefieder packt und überwältigt, bloß höher hinauf, wo keiner ist.

Jean Paul